# PIERRE ALYPE

# UN CONSEIL DE GUERRE

## DANS L'AVENIR

Séance du 20 Novembre 1881

AF331294

PARIS

IMPRIMERIE MODERNE (WATTIER, Dr)

61, RUE JEAN-JACQUES-ROUSSEAU, 61

—

1880

L¹² K
128
128

# PIERRE ALYPE

# UN CONSEIL DE GUERRE

## DANS L'AVENIR

Séance du 20 Novembre 1881

PARIS

IMPRIMERIE MODERNE (WATTIER, D<sup>r</sup>)

61, RUE JEAN-JACQUES-ROUSSEAU, 61

1880

1128

PIERRE ALYPE

# UN CONSEIL DE GUERRE

## DANS L'AVENIR

Séance du 20 Novembre 1881

C'est dans une salle de la caserne d'artillerie à Colombo (île de Ceylan) que doit se réunir le conseil de guerre, sous la présidence du colonel Howely.

La notoriété de l'accusé et la gravité des faits relevés à sa charge ont attiré une foule considérable. Dès onze heures du matin les places réservées au public sont envahies ; dans l'assistance on remarque beaucoup de dames en grande toilette et les principales notabilités de la ville.

Au fond de la salle on remarque aussi, caché derrière une colonne, un individu âgé, gros, trapu, décoré de l'ordre de la jarretière ; il a tout à fait la physionomie et la tournure d'un Allemand.

A midi précis, le conseil de guerre entre en séance avec le cérémonial habituel.

Après les formalités d'usage, le président ordonne aux gardes d'introduire l'accusé. (Mouvement général d'attention.)

L'accusé se présente aussitôt, escorté de quatre soldats. Il est grand, maigre, pâle, la figure en lame de couteau, le front fuyant, la barbe et les cheveux grisonnants ; il s'avance en trébuchant, la tête baissée, et va prendre place sur un banc à la droite du président. Son défenseur lui serre la main, et lui dit quelques - mots tout bas à l'oreille.

LE PRÉSIDENT, *s'adressant à l'accusé d'une voix ferme et solennelle*. — Accusé, levez-vous.

L'accusé se lève en tremblant. (Une vive émotion règne dans la salle.)

LE PRÉSIDENT. — Accusé, quels sont vos nom, prénoms et qualités?

L'ACCUSÉ. — Je me nomme Turluberlu (Jean, Joseph, Mercure).

LE PRÉSIDENT. — Turluberlu..... c'est un vrai nom de jésuite; je vous en félicite.

L'ACCUSÉ. — Capitaine de frégate, ancien gouverneur de l'île de Ceylan.

LE PRÉSIDENT. — Je ne vous demande pas si vous avez été gouverneur, on ne le sait que trop dans ce malheureux pays.

Quel âge avez-vous ?

L'ACCUSÉ. — Cinquante ans.

LE PRÉSIDENT. — Asseyez-vous.

Greffier, veuillez nous lire l'acte d'accusation.

Cette lecture ne dure pas moins d'une heure ; pendant ce temps, l'accusé regarde le public et sourit par intervalle. On aperçoit au fond de la salle le personnage décoré qui lui fait de la tête des signes d'assentiment.

LE PRÉSIDENT. — Accusé, levez-vous. Vous avez

entendu l'acte d'accusation, vous savez de quoi il s'agit. Vous êtes accusé :

1° De n'avoir pas appliqué, selon les lois et usages, certain décret de démonétisation à l'île de Ceylan, et d'avoir ainsi outrepassé vos pouvoirs ;

2° D'avoir combattu le gouvernement de S. M. la reine que vous aviez mission de défendre, et d'avoir secondé de toutes vos forces les coupables tentatives dirigées par la réaction contre ce même gouvernement.

Je vais maintenant vous interroger ; veuillez répondre à mes questions.

Vous êtes né à l'île Maurice, et c'est là que vous avez fait vos premières études avant d'entrer dans la marine royale.

L'ACCUSÉ, *fièrement*. — Oui, et d'excellentes études.

D. — Attendez, vous étiez laborieux, c'est incontestable, mais vous n'étiez pas toujours servi par la nature. Ainsi, sur le certificat qui vous a été délivré par le régent du collége de Port-Louis, à la fin de vos études, je lis cette mention : « élève studieux, esprit borné, manque de jugement, a plus de suffisance que de savoir réel ».

Vous quittez l'île Maurice, vous allez en Angleterre, et quatre ans après vous entrez dans la marine ; là vous faites rapidement votre chemin, et vous parvenez au grade de capitaine de frégate, grâce, il faut le dire, à certaines influences....

R. — Je ne sais, monsieur le président, à quelles influences vous voulez faire allusion ; je suis arrivé par mon seul mérite, et j'en suis fier.

D. — Permettez ; vous me forcez ici à entrer dans des détails que j'aurais voulu passer sous silence, mais il est de mon devoir d'éclairer le conseil. Il y a une femme qui a joué un triste rôle dans votre vie, une de ces femmes intrigantes comme on en voit peu, heureusement pour l'humanité.

R. — Mais, monsieur le président, je ne sais vraiment....

D. — Attendez, vous allez mieux me comprendre tout à l'heure. Cette femme est votre parente; elle avait épousé un négociant de l'île Maurice, honnête homme, qui mourut juste au moment où la fortune le comblait de ses faveurs. Vous avez eu avec cette femme des relations coupables.... et cela pendant plusieurs années.

R. — On m'a indignement calomnié; je nie formellement le fait.

D. — Vous pouvez nier, mais il y a là, au dossier, des pièces accablantes contre vous. Cette femme a été votre bon génie, j'entends au figuré, car il eût mieux valu pour vous ne point user de son influence.

Plus tard vous l'avez vous-même mise en relation avec un fonctionnaire du ministère des colonies, dont elle est devenue la maîtresse, et c'est elle qui vous a poussé dans le monde, comme on dit; c'est elle qui vous a fait ce que vous êtes, grâce à l'ascendant qu'elle avait pris sur ce fonctionnaire et qu'elle a conservé jusqu'à ce jour.

R. — Mais cela est absolument faux; comment a-t-on pu me croire capable d'une pareille infamie?

D. — Protestez tant qu'il vous plaira; les faits aussi protestent contre vous et ils sont indéniables. Et puisque vous insistez, j'ai le droit de dire que vous devez tout aux intrigues d'une courtisane vulgaire.

J'arrive maintenant au premier chef d'accusation, au décret de démonétisation que vous avez été chargé d'appliquer à l'île de Ceylan.

Et d'abord, par quelle grâce insigne avez-vous été nommé gouverneur de cette colonie?

R. — Il est probable que ce sont mes services qui m'ont désigné à l'attention du gouvernement de S. M. la reine.

D. — Des services, vous en avez incontestablement, puisque vous êtes depuis trente ans dans la marine, royale, mais je doute que ce soient vos seuls services qui vous aient valu cette haute situation. Vous avez **eu** mieux que cela, je veux dire de puissantes recommandations.

L'ACCUSÉ, *vivement*. — Je ne sais ce que vous entendez par là, monsieur le président.

D. — Prenez patience, je vais préciser. Vous étiez lié depuis longtemps avec un sieur Fritz-Tripotard, Prussien d'origine, soi-disant naturalisé Anglais, intrigant de la pire espèce, qui est actuellement intendant des finances à Southampton. C'est lui qui vous a recommandé à deux membres du Parlement, lesquels vous ont à leur tour recommandé au ministre des colonies, et c'est ainsi que vous êtes parvenu au poste de gouverneur à l'île de Ceylan. Reconnaissez-vous l'exactitude du fait.

R. — Oui, cela est parfaitement exact.

D. — Je prends acte de votre aveu. En vous faisant nommer à cette fonction, le sieur Fritz-Tripotard avait ses raisons ; comme le fameux général Trochu, il avait son plan, que vous étiez chargé de mettre à exécution.

A ce moment une interruption se produit au fond de la salle ; une voix quelque peu germanique s'écrie : « Cha n'est bas frai ; che n'afais bas de blan. »

Tous les regards se portent de ce côté de la salle et l'on reconnaît dans l'interrupteur le personnage décoré qu'on avait déjà remarqué au début de la séance.

M. LE PRÉSIDENT, *s'adressant aux gardes*. — Faites sortir

BIBLIOTHÈQUE NATIONALE — R. F. — IMPRIMÉS

la personne qui s'est permis d'interrompre, d'une façon si peu convenable.

Conduit au poste, ce personnage déclare être le sieur Fritz-Tripotard auquel il vient d'être fait allusion.

Après une suspension de quelques minutes, l'interrogatoire est repris.

LE PRÉSIDENT. — Au moment où l'incident s'est produit, je disais que le sieur Fritz-Tripotard avait un plan, que pour exécuter ce plan il avait besoin d'une créature dévouée, et que, à cet effet, il avait recommandé l'accusé Turluberlu, à deux membres du Parlement lesquels ont exercé une véritable pression sur le ministre des colonies, car, je crois savoir que le ministre n'était nullement favorable à cette nomination; il n'était point d'avis de confier un tel poste à un tory, c'est-à-dire à un réactionnaire, sous un ministère whig qui représentait au pouvoir le parti libéral.

Accusé, pouvez-vous nier l'opposition qui vous fut faite par le ministère, en cette circonstance?

R. — Non, je reconnais que c'est la vérité même.

D. — Bref, vos protecteurs l'emportent, et vous partez pour Ceylan avec les pleins pouvoirs d'un gouverneur de colonie. Mais vous ne partez pas seul; le sieur Fritz-Tripotard vous accompagne, chargé d'un mandat spécial relatif à l'application du décret de démonétisation.

A bord, pendant la traversée, vous étiez toujours ensemble; vous causiez, et même beaucoup, et souvent tout haut. N'avez-vous pas dit un jour, et de façon a être entendu de tout le monde, que vous vous moquiez de l'opinion publique à l'île de Ceylan, et que l'essentiel était que vous fissiez tous deux vos affaires? Vous avez même ajouté: Après-moi, le déluge. Et le sieur Fritz-Tripotard aurait dit de son côté: « J'ai

200,000 fr. a faire rentrer en Angleterre, je profiterai de l'eau trouble pour pêcher. »

R. — Je n'ai pas souvenir d'une pareille conversation.

D. — Je vous demande pardon, vous entendrez tout à l'heure deux témoins dignes de foi, qui viendront ici attester le fait.

R. — C'est une calomnie, je n'ai jamais tenu ce propos.

D. — Ces témoins ne vous connaissent que pour vous avoir vu à bord, pendant la traversée, ils n'ont aucun intérêt à vous nuire.

R. — Je n'en sais rien, mais je voudrais bien les entendre.

D. — Vous les entendrez tout à l'heure.

A peine arrivé dans la colonie, que faites-vous ? Vous commencez par vous débarrasser de vos conseillers, des hommes les plus propres à vous éclairer sur la situation du pays, et à vous arrêter sur la pente fatale où vous alliez glisser. Obéissant à vos instincts réactionnaires, vous débutez par un petit coup d'Etat ; nous en verrons bien d'autres par la suite.

Après avoir éloigné de votre entourage les honnêtes gens, vous vous enfermez avec le sieur Fritz-Tripotard dans l'hôtel du gouvernement, non sans avoir renforcé le nombre des factionnaires qui doivent vous protéger contre les manifestations du dehors, et là vous conspirez à l'aise contre la colonie tout entière. Vous prenez vos dispositions pour mettre à exécution votre fameux plan, c'est-à-dire faire vos affaires.

Un troisième personnage est admis, par moments, dans le secret de vos conseils, c'est l'évêque de Colombo. Clérical, vous pensez que vous pouvez impunément commettre toutes les fautes sous l'œil bienveillant de la religion.

Dès le lendemain de votre arrivée, vous publiez le décret de démonétisation et vous l'appliquez avec la dernière rigueur. Vous ne laissez pas même le temps aux intéressés de se reconnaître.

Pour faire vos affaires, comme vous dites, il faut aller vite en besogne, sinon votre jeu serait démasqué. Contrairement à tous les usages, vous n'accordez aucun délai pour le retrait des monnaies françaises ; vous décidez du jour au lendemain qu'elles n'ont plus cours légal, sans vous soucier le moins du monde de l'immense perturbation qui en résultera pour la colonie.

R. — Il n'était pas possible d'accorder des délais ; cela aurait compromis le succès de l'entreprise.

D. — Comment cela ? expliquez-vous.

R. — Il est certain que si l'on avait accordé quelques mois de répit aux habitants, la colonie eût été envahie par les monnaies françaises de Pondichéry et de la Cochinchine. Il était de mon devoir de prévenir cette éventualité que je redoutais.

D. — Vraiment, vous redoutiez cela ! Il n'y a donc pas de douanes autour de l'île ? et à quoi servent-elles, si l'on peut introduire à leur insu des monnaies étrangères ? Votre raison n'est point admissible, ce n'est qu'un prétexte. La vérité est que vous aviez hâte, de concert avec Fritz-Tripotard, de mener à bien votre opération financière. Je dis : votre opération financière, et pour cause. L'intérêt public vous commandait de procéder autrement, mais vous ne pensiez alors qu'à votre intérêt privé.

R. — Mais non, monsieur le président, vous interprétez mal mes sentiments, je n'avais en vue aucun intérêt privé.

D. — S'il en est ainsi, voulez-vous me dire pourquoi vous n'avez pas mis, aussitôt dans la circulation les millions de pièces anglaises que vous aviez emportées avec vous ? C'était le seul moyen de parer à la crise ; il fallait immédiatement rembourser à caisse ouverte les détenteurs de monnaies françaises qui, de par votre volonté, n'avaient plus cours légal. Pourquoi ne l'avez-vous pas fait ?

R. — Fritz-Tripotard n'était pas de cet avis, il pensait qu'il pourrait y avoir des inconvénients.

D. — Quels inconvénients ?

R. — Je n'en sais rien ; je n'ai fait que suivre ses inspirations.

D. — De tristes inspirations ! Vous avez eu tort de les suivre, et c'est précisément ce que vous reproche l'accusation. Pour complaire à Fritz-Tripotard vous n'avez pas hésité à jeter le trouble dans le pays. Or, quel était votre devoir ? C'était de substituer immédiatement aux pièces proscrites, les pièces autorisées de par le décret. N'avez-vous pas compris tout ce qu'il y avait d'immoral dans votre façon de faire ? car vous avez imposé de grandes souffrances à tout un peuple pour le plaisir, ou plutôt pour la satisfaction d'un seul.

R. — Je répète, monsieur le président, que j'ai subi les conseils de Fritz-Tripotard qui disait avoir reçu à ce sujet des instructions formelles.

D. — Encore une fois, vous avez eu tort, et vous êtes responsable, dans une large mesure, de tout le mal qui a été fait à cette colonie.

Je n'ai pas à m'occuper ici de Fritz-Tripotard ; il aura, lui aussi, à rendre compte de sa conduite devant la justice du pays. Pour le moment, il me suffit de faire remarquer ceci à messieurs les membres du conseil : Fritz-Tripotard est intendant des finances à Southampton, et Southampton est le point d'attache des paquebots qui se rendent de la métropole à l'île de Ceylan ; c'est par ses mains que passe tout le mouvement de fonds qui se fait entre l'Angleterre et la colonie, et à cet effet, il perçoit une commission importante. C'est assez dire qu'il avait grand intérêt au décret de démonétisation et que ce n'est pas gratuitement qu'il a recherché et sollicité le mandat qui lui a été confié.

Quant à vous, accusé, et quoique vous cherchiez à vous justifier aujourd'hui, je dois dire que vous n'avez rien épargné pour seconder Fritz-Tripotard dans sa coupable entreprise, et la preuve est que vous avez tenu à briser toutes les oppositions, toutes les résistances, témoin la dissolution de la Chambre des notables commerçants du pays.

R. — Je n'ai pas à le regretter, je n'ai fait que mon devoir.

D. — Il faut avouer que vous comprenez bien mal votre devoir. Comment! vous vous immiscez, par abus de pouvoir, dans les transactions privées ; vous voulez imposer vos volontés au commerce, le commerce proteste, et vous le frappez impitoyablement dans ses représentants les plus autorisés. En vertu de quelles instructions avez-vous agi de la sorte?

R. — Je n'en avais aucune; j'ai obéi à ma conscience.

D. — Votre conscience, il est bien temps d'en parler! J'ignore ce que vous entendez par là, mais tous vos actes prouvent que ce n'est pas toujours le droit et la légalité qui ont inspiré votre conduite. Je doute que le conseil soit satisfait de vos explications ; il appréciera.

J'arrive maintenant au second chef d'accusation.

Quand vous avez sollicité le poste de gouverneur, vous vous êtes donné pour whig, c'est-à-dire représentant des idées libérales qui sont celles du gouvernement de S. M. la reine. Voyons si votre attitude a été conforme à vos déclarations.

Tout ce qui vient d'être dit démontre clairement que vous avez trompé le gouvernement que vous aviez promis de servir et de défendre au besoin. Ce que je vais rappeler n'est pas moins grave.

Un jour, le régent du collège royal de Colombo vient vous trouver et vous signale la présence au collège d'un livre odieux que l'évêque fait circuler entre les mains des élèves. Il est d'avis que ce livre soit prohibé, et vous l'approuvez; vous allez même jusqu'à le féliciter, *intra muros*, d'avoir si bien compris son devoir. Est-ce vrai?

R. — Oui, cela est parfaitement exact.

D. — Le régent s'en va, fort de votre approbation, et fait enlever aussitôt le livre des mains des élèves. Mais le soir même l'évêque, instruit de ce qui se passe, vient vous prier à dîner chez lui; vous acceptez. Le repas est fort gai, on y boit pas mal de vin de Constance et de Champagne comme cela se pratique habituellement dans ce monde-là. On en vient naturellement à parler de l'affaire du collège; l'évêque vous presse, vous sollicite de toute façon, et finalement vous lui promettez de réintégrer le livre entre les mains des élèves.

En effet, ce qui fut dit fut fait, et le lendemain, par une lettre quelque peu blessante, vous blâmez sévèrement le régent d'avoir fait disparaître du collège le livre en question, et vous lui intimez l'ordre d'avoir à le remettre tout de suite dans les mains des élèves. Est-ce encore vrai?

R.—Non, Monsieur le président. Ce dîner chez l'évêque, ce champagne, ce vin de Constance, qui coulaient à flots, tout cela est de pure fantaisie. Je n'ai point dîné chez l'évêque ce jour-là et n'ai pas d'avantage subi sa pression.

D. — Je vous demande pardon, vous étiez présent

au dîner, nous en avons la preuve. Mais j'admets, pour faciliter vos moyens de défense, que tout cela soit faux. Voulez-vous expliquer le revirement subit qui s'est produit dans votre esprit du jour au lendemain ?

R. — Il n'y a pas eu de revirement ; je n'ai jamais varié dans ma manière de voir.

D. — Comment! vous avez avoué tout à l'heure que vous aviez approuvé le régent du collège, et à présent vous prétendez que vous n'avez jamais varié dans votre manière de voir !

R. — Je reconnais que j'avais d'abord donné raison au régent, mais ensuite j'ai réfléchi...

D. — Vous avez réfléchi ! Vous voulez dire que vous avez subi les impressions et les conseils du dehors ; l'évêque vous a dicté votre conduite, et vous lui avez obéi servilement. On a beau faire, le naturel reprend toujours le dessus, et vous êtes avant tout clérical.

R. — Clérical, moi, jamais! Je proteste de toutes mes forces.

D. — Libre à vous de protester; c'est un droit qu'on ne peut dénier à un accusé dans votre situation. Mais les faits sont là et je constate une fois de plus que, depuis le commencement de cet interrogatoire, vous n'avez pas fourni une seule explication satisfaisante. Vous prétendez que, dans la circonstance, l'évêque de Colombo n'a exercé aucune pression sur votre esprit. Pouvez-vous le prouver?

R. — Vous me demandez l'impossible, monsieur le président, ce sont de ces choses qu'on ne peut prouver. Ma conscience me suffit, elle est calme et pure.

D. — Vous invoquez trop souvent le témoignage de votre conscience. Je vous engage à n'en point abuser, votre cause y gagnerait certainement plus qu'elle n'y erdrait. Car il y a conscience et conscience, comme il y a fagot et fagot. ·

Après ce long et minutieux interrogatoire, la parole est donnée à M. le commissaire du gouvernement, lequel soutient énergiquement l'accusation, et requiert l'application rigoureuse de la loi.

Mᵉ Hudson, une des célébrités du barreau de Colombo, présente la défense de l'accusé et demande son acquittement.

Au moment où l'avocat s'assied, M. le président se tournant vers l'accusé dit d'une voix grave :

˙ Accusé, avez-vous quelque chose à ajouter pour votre défense ?

L'ACCUSÉ. — Non, monsieur le président ; je m'en rapporte à la justice du conseil.

LE PRÉSIDENT. — Les débats sont clos.

Et aussitôt le conseil se retire dans la salle des délibérations.

Alors se produit une grande agitation au sein du public ; des conversations animées s'engagent de droite et de gauche : sera-t-il acquitté ? sera-t-il condamné ? et naturellement les opinions sont partagées ; les dames surtout sont d'avis que Turluberlu doit être acquitté. Ce pauvre Turluberlu, s'écrie l'une d'elles, en s'évanouissant sur sa chaise : je l'aime tant !

Bientôt retentit un coup de sonnette vigoureux. — Debout, messieurs, dit l'huissier, voici le conseil !

En effet, le conseil rentre en séance. Et M. le président, debout et couvert, donne lecture du verdict, lequel est affirmatif sur tous les points.

En conséquence, Turluberlu est condamné à 20 ans de travaux forcés et à la dégradation militaire.

A ce moment une nouvelle lugubre circule dans la salle : Fritz-Tripotard est mort ! Et cela se répète de bouche en bouche, mais personne n'y croit, lorsque le directeur de la prison accourt tout effaré, et annonce qu'en effet Fritz-Tripotard s'est étranglé dans sa cellule, à l'aide de son mouchoir.

Sous le coup de cet incident, la foule se retire vivement impressionnée.

## DU MÊME AUTEUR :

Nécessité du suffrage universel aux colonies
La Libre-pensée au XVIIIe siècle.
Les Hommes du jour.
La Conversion de M. Emile Ollivier.
Les Conspirations de Mazzini.
Application du jury aux colonies.
Mon Aventure à Versailles, sous la Commune.
Les Conseils de guerre de Versailles.
La Vérité au peuple de la Martinique.
Nouvelles Vérités au peuple de la Martinique.
La Sucrerie coloniale devant les Chambres.

www.ingramcontent.com/pod-product-compliance
Lightning Source LLC
LaVergne TN
LVHW050256030726
842520LV00006B/2407